The Cowdenbeath Man

William Hershaw

SCOTTISH CONTEMPORARY POETS SERIES

SCOTTISH CULTURAL PRESS

First published 1997
Scottish Cultural Press
Unit 14, Leith Walk Business Centre
130 Leith Walk
Edinburgh EH6 5DT
Tel: 0131 555 5950 • Fax: 0131 555 5018

British Library Cataloguing in Publication Data
A catalogue record for this book is available from the British Library

ISBN: 1 898218 68 4

The publisher acknowledges subsidy from the Scottish Arts Council
towards the publication of this book

THE SCOTTISH ARTS COUNCIL

Printed and bound by
BPC-AUP Aberdeen Ltd

Scottish Contemporary Poets Series
(for further details of this series please contact the publishers)

Tom Bryan, *North East Passage;* 1 898218 57 9
Gerry Cambridge, *The Shell House;* 1 898218 34 X
Jenni Daiches, *Mediterranean;* 1 898218 35 8
Valerie Gillies, *The Ringing Rock;* 1 898218 36 6
William Hershaw, *The Cowdenbeath Man;* 1 898218 68 4
Brian Johnstone, *The Lizard Silence;* 1 898218 54 4
Anne MacLeod, *Standing by Thistles;* 1 898218 66 8
Ken Morrice, *Talking of Michelangelo;* 1 898218 56 0
Siùsaidh NicNèill, *All My Braided Colours;* 1 898218 55 2
Walter Perrie, *From Milady's Wood;* 1 898218 67 6
Maureen Sangster, *Out of the Urn;* 1 898218 65 X
Kenneth C Steven, *The Missing Days;* 1 898218 37 4

Contents

William Hershaw was born in 1957 in Newport on Tay. He has spent most of his life in Fife and lives in Lochgelly. He studied at Edinburgh University and graduated with an MA degree in 1979. After attending Craiglockhart Teachers' Training College he went on to become an English teacher. At present, he teaches English at Balwearie High School in Kirkcaldy. He plays guitar and mandolin in the folk band 'Touch the Earth'.

He has published poems, short stories and reviews in many Scottish literary magazines and anthologies and the present collection brings together some of this poetry in one book for the first time.

Acknowledgements

Some of the poems featured in this book have appeared in the following: *Caa Doon The Mune* (Angus Libraries and Museums, 1992); *The New Makars* (The Mercat Press, 1991); *Proverbs O Hell* (Scrievins Press, 1988); *Glencraig* (Urr Publications, 1986); 'Comp' is taken from *Dream State – The New Scottish Poets,* ed. by Daniel O' Rourke (Polygon, 1994); *Fower Brigs Ti A Kinrik* (Aberdeen University Press, 1988); *High Valleyfield* (Urr Publications, 1983); *Mak It New* (Mercat Press, 1995); *Behind The Lines* (Third Eye Centre, 1989); 'Flooers' first appeared in *New Writing Scotland 6* (Association for Scottish Literary Studies, 1988). Also *Radical Scotland, Cencrastus, Lines Review, Northlight, Lallans, Poetry Wales, Radical Wales, Chapman,* and *Scrievins*.

Dysart

Yestreen I heard the Forth souch laich
in siller words ti Dysart toon.
His wattery nieve cam clappin up
ti stroke her staney goon.

'Cam doon wi me,' the Forth cawed saft,
'Ablo the mune sae bricht!'
'Gae back, gae back,' wheeshed the auld toon,
'Whit hae ye brocht ti me the nicht?'

'A bracelet made fae a rubber tyre,
a widden box fae Ghana,
bottles and gless that glint like een,
silk seaweeds in a bandana,
the door aff a van fae Cowdenbeath,
the Mate o the "Rosemary", registered Leith.'

Cowdenbeath Man

In the slow revolving
of the mineral heavy Earth,
how long did the great hump of Hill of Beath
take to make coal?
How long did it press down on rotting woods,
squeezing out fossils?
Did the clouds hurtle overhead
while the continents moved miles by inches?
How much moss greens a stone in a hundred years?
For in that blink of God's grey een,
one lucky human's long life,
the coal was found and gutted,
a town was thrown up
then its reason for being thrown on a bing.

In that hundred year span I was a child there.
I grew up jealous of the children who wrote
to 'My Home Town' in *The Dandy*
with their Blackpool Tower and Canterbury Cathedral,
their Adam Smith and Carnegie
while my Cowdenbeath had nothing but people
trying to keep their feet as the mining subsided.

No couthy mercat cross or corbie steps,
no getting on the cover of *The People's Friend,*
Broad Street and the low High Street
met at angles like a miner's broken spine.

Now they have a Leisure Pool and a new golf course,
Shoprite and the Store in competition,
pubs, clubs, bookies and bingo
in the satellite dish shanty scheme of things.
It is like a hundred other small towns
in Scotland's crowded waist
except,

except
that once
in a hundred thousand years from now
the scientists from Alpha Centauri found
the Cowdenbeath Man.
They dug him out of the coal,
brought him ageless and whole
with a stomach full of fish supper fat,
giro and Labour Party membership intact,
back to the mother craft.
Blackened but perfectly preserved at thirty seven,
with the liver of a ninety year old.
They learned a lot to take home.

After they had gone,
a dwindling, faint light in the sky,
a snell December wind blew over the grasses and moss
that had heaped upon Cowdenbeath.
It was as if the Great War
or the twenty-six strike
or Scargill or the Poll Tax
or the rising tide that drowned us
had never been
on the slow revolving, mineral heavy Earth.

High Valleyfield

Doon thonder awthin was thick wi stoor,
fine stuff it was, sir, like pepper and saut,
and bi Christ ye didnae cough or sneeze
for fear the bugger went up.
That nicht I didnae fancy thon ata –
I'd been aff for a fortnicht wi the 'flu –
but doon the shank I went sir, aw the same.
I had a look
syne came up in the cage wi Joe the Pole
ti sign anither fortnicht's line.

It blew the next nicht at twa o'clock,
tho we didnae ken whit day it was –
the hale o the Valley shook ti the foonds,
the plaister fell aff the press wa
and we aw ran aboot in oor nichtshirts.

Noo, Joe the Pole,
he deed there, no lang back,
while I retired at sixty-three, bad lungs.
Forty-one bastardin years I worked doon there
and noo I dream I hear the picks below ma bed,
delvin the coal in the nicht,
and I see them aw playin at cairds
wi me up here.
Faithers and sons, brithers and kissins tae –
they were harum scarum and took some drink
but guid boys aw the same.

Ma dochter looks efter me noo...

they sealed it aff and cawed it 'sacrid grund',
but this I'll say –
there's plenty coal there yet.

For Andrew

Oor bairn ligs lown and bides at peace
aw happit in a shawl,
unkennan o the storm that blaws
abune the hale world.
This nicht, aw ower the waukrife Yirth
the bairns greet at whit fears them.
Hunger and War is the cause o it –
wheesht noo, Andrew, ye maun hear them.

Thon bairn has a stervan face –
for famine has lastit langsyne,
this bairn has a want o grace –
fae steppan on a landmine,
anither bairn has faur ti gae
afore he can be fund,
this puir bairn is fu o wae –
they're burnin doon his playgrund,
this ane's hert is unforgien
wi a hatred wrocht in Hell,
that ane's speired mair death than livin,
plays peevers wi bullets and shells.

Whaur is a bairn in the World the day
wi a mind ti be blyth and bonny and gay?
Mibbe there's ane in a stable or byre
ti birl the World roond and dance in the fires,
mibbe there's ane no yet born...
so wheesht noo, Andrew, and dream for the morn.

Dysart Tide Sonnet

...there's coloured stanes and sand and wid and coal,
a plastic bottle blawn fae Hot Pot Wynd,
a tanker, rigs and dieseled sailor's shoe,
there's souch and swaws, gannet's caw, partan claw,
Bass Rock and bing, Gullane, Leith and seaweed,
wi wind and thump and blaw and fa and hiss
turns foam and white then black and crunch – sook in,
blaw oot – then black and crunch turns foam and white
and hiss and fa and blaw and thump wi wind
and seaweed, Leith, Gullane, Bass Rock and bing,
partan claw, gannet's caw, there's souch and swaws
and dieseled sailor's shoe, a tanker, rigs,
fae Hot Pot Wynd a plastic bottle blawn
and coal and wid and sand, there's coloured stanes...

The Garden

At the start of winter
when I first set foot in the garden
I viewed a pathless chaos.
A previous occupant had taken a hammer
to what must have been a greenhouse.
It lay in thousands of small bits;
glass and nails, hinges and rods,
all glinting and rusting in the water weak sun
among a shambles of weeds.
As the wind grew ever bitter
I worked up there, hunched,
picking up slivers
till I had a gloveful for the sack.

Then I put in paths,
straddling and splaying up the slope with slabs
to make neat homelands for the grass seed.
But the weeds stayed put
till they were rooted out with a trowel
or given a long black drink from the nodding rose of the can.
All of it was tiring
and I would come down to the house in the dusk
to watch the evening news
with a mind full of murder.

Lockerbie Elegy

The frown of his face
Before me, the hurtle of hell
Behind, where, where was a, where was a place?

The Wreck Of The Deutschland
Gerard Manley Hopkins

December is dark and fa's
Mirk ower Border march and moor.
December is a shroud. The banshee blaws
Through the langest nicht and the darkest hour.
The year turns like a hearse wheel, sweir
Ti win the slottery world awo fae deith,
Ti rax a resurrection, speir
Despair and horror brak bi the Sun's bricht breith.

Our ancestors fired folk,
They brunt the weerded anes as sacrifice,
Handselled the dark wi flesh and smoke
That the laich licht micht kyth.
As the reek rose, the bodies thirled ti a wheel
O fire – flaucht, the watchers witnessed waste
O fleshly form. This fire festival
Loused pagan spirits ti wrocht a future hairst.

Us, we lauch and snirt
At them, screevinless, withoot science or skill.
Smug faced in living rooms, we sit
As if we birled Fate's fell wheel.
We gawp at graves on screens, oor conscience free
Ti mak nae connection wi the deith-tales tellt.
Presidents and prime ministers like dark angels flee
Abune oor heids. Horrors are speired, are heard, but no felt.

Until the day o sky-doom,
The lift-lapse when the carry crashes,
When Deith is bidden til the livin room,
When the roof-tree rends and smashes,
When the yird bound plane plummets fae space,

When the news is torn bluidy fae the broken screen
Wi unbelief screeved on its face –
The crushed corpse on the carpet screeved for aye on oor een.

The sky-wrack strewn
Wi torn and twisted bodies scattered,
The wing wreck ligs ower field and toon,
Metal mangled and bomb battered.
The horror o this fire ship, fresh fa'n
Wad sicken the mind speired in its ugsome hale:
Lockerbie waukens ti a hellish dawin,
Its crater carved streets unmade intil Paschendale.

Pray, pity them then,
That fell in fear fae unfathomed hecht,
That fell in a howlin gyre, forlane,
In a yowlin gale that blew that nicht.
Did they fa unkennan until Deith's dark deep
Fae the harrowin hertbrak that hell brocht?
God gie their screamin sowels sleep,
Pray, pity them as they thocht their last thochts.

Wha farrant their foul fate?
Wha doomed them ti dee? Wha schemed the ploy?
This scunnerfu sacrifice, this deith-gate,
Brocht nae pagan life joy.
A deed ti mak maist blanch and blate:
Whit cause, whit clan wad ca doon such dool? Whit men,
Whit wrang worth such a hate?
Whit leid a life when Life is aw we hae and ken?

The howlin engine banshee
Pibrochs the plane, mocks mad Man's will.
Born ti be a burnin ba o energy
Birlin through the universe for guid or ill,
We choose ti destroy, murder, maim and unmak
Afore we ken a peerie piece o oor place,
O oor circumstance, let the cruel cloods crak
That we in madness micht speir the froon on God's face!

We clatter doon til end shroud
As Vulcan, Daedalus and Lucifer fell.
We bide on the yird brek through brief life clood
Ti non being, spirit louse or hell.
Ane day we maun dree their weerd, the wecht
O Life will drag us below tae, deaved wi pain,
Hard doon wi a horror o hecht –
Pray, pity us that fa as December deith rain.

The Dream

I had a dream o snawflakes fa'n
saftly doon abune the Sun.
Ilk fragile, separate, frostit flooer
amang a brither, sister shooer.

I had a dream o snawflake lives,
mithers and bairns, husbands and wives,
aw meltit thegither as ain
like watter on a winnock pane.

I had a dream o snawflake sowels,
a seamless, flutterin, crystal shawl
o licht and love, an antrin lace
o dancin starns in God's bricht face.

Crawmen

In ahent yon auld fell dyke
they park their Robin Reliant.
The Crawmen o the Coup eye me coldly
when I come up with my poke of Christmas cardboard –
for my gift is worth nothing to the skip nest.
Once, in the dark, I clarted one of them by mistake
when I brought up a barrowful
of empty paint pots. They ken me fine
and turn away their black donkey jackets
that match their ingrained faces.
They rub red raw hands and wipe streaming noses
as they bide their time for the next van,
punter or police. These bastards would
pick out their granny's bonny blue een
and flog them as marbles.
Their slate cold ones watch me carefully as I turn my back.
I must mind to phone the Council
about thon wary, raking tink at my backdoor,
called Conscience.

Granny

I am a killer,
I am a bomb-thrower
and my heart is a cup of racist gall,
till my Granny who has been dust during all of my life
teaches me
that everything alters everything else
and so our actions should always be gentle.

After all,
the principled madman who cut down an archduke
also took you from Surrey to Kelty,
trauchled you with twelve bairns
and a miner's wife's life.

Self-Portrait

Look at that moaning, greeting-faced git,
he's never happy, him.
He has a pamphlet of Lallans verse,
with his individual orthography,
and schemeless bi-lingual rhymes,
his iambics are unintentional dactyls and spondees,
his quarrels are full of morals,
his glower full of dour,
his fire filled with ire,
and the chip on his shoulder is bigger than Hugh
    MacDiarmid's ego.
He's a conservative Communist with his ain hoose –
he's a party of one, him.

Just look at him –
you can tell he'll take it all as a personal affront
because he's the only living Scotsman left.
To hear him talk you'd think
he'd been in the Spanish Civil War,
yet he's younger than you.
He's a serious man but,
'cause he carries the woes of the world
in his duffel coat hood.
He's aye ready for a guid literary fecht
but inside, he's that emotional he bruises like a peach.

Haw, you, MacMakkar!
How's about making us laugh for a change?

Ullapool Harbour

Night falls over Ullapool –
the *Suilven* and the *Summer Queen*
are moored and mirrored among the lights
that bob and twinkle like fallen stars in Loch Broom.
In a busy shore-side pub,
a group of fishermen are drinking, talking, laughing.
The English visitors are charmed,
taking their thick Baltic accents for the Gaelic.

Ghaist Dance

This leid haes nae immunity
and a poem is a puir transfusion –
Yet happit in an auld and raggit sark
o duin and weel yased wurds,
I maun dae a ghaist dance
ti mak it quick and hale aince mair.

I Hae Lived
(Shunkaha Napin – Wolf Necklace)

I hae lived ma life in this kinrik,
baith man and boy.
Ma relations dover ower,
deep in the yirth at Kirk o Beath
or lig on the broo o the Liza Brae.
When it is time for me ti fa ti pieces,
I am gaunnae fa ti pieces here.

The Yirth Is Haley Ti Ma Fowk

(Chief Seattle's letter ti President Franklin Pierce, 1854)

There's nane can hae the lift ti buy,
there's nane can hae the sma, blae starns ti sell.
Whit sowel-less fuil jalooses that he hauds the yirth below?
The caller air is aucht bi nane
nor is the sparklin watter fae the burn.

The yirth is haley ti ma fowk.

A peewit's greet heard ower the fields in March,
a honey-happit, thrummlin bee,
the reeky mirk in a gloamin wuid,
the ghaistly haar ower a snawy morn,
were things aw kent ti ma faither's faithers.
ilka joy I share wi them is sacrid ti me.

The yirth is haley ti ma fowk.

When The Pine Wuids Tak Fire

(Najinyanupi – the Surrounded)

When the pine wuids tak fire,
ye see aw the sma greetan animals;
the futrets, mice and tods,
aw runnin and loupan and ettlin ti hide
but girded roond bi flames
wi naewhaur ti run.
Ma freends, that is the wey it is the day
wi us Human Beings.

Eskimo Kayak In An Aberdeen Museum

This kayak dreeled its gait o laneliness;
Sae cauld and deep, doon through the Polar nicht.
In glimmrin ice beneath the Northern lichts,
Ti sail the efterlife, lit under gless.
The pilot gaun, nae sinews, harns or hert
Ti steer it ben the fog or star flecked dark:
A shrivelled silkie skin withoot the art
Ti louse itsel fae its new Godless airt.
Aiblins there was a line ti row fish in
But Greenland's banks o haar spreid oot sae faur,
Waves lapped at the keel and skelped at the skin
While seagulls sang and birled abune like staurs.
Noo gloamin finds it lost, it sails alane,
The sailor slipped ben Death and tellt nae name.

To William Blake

Unsocht, unthocht o genius, oot yer time,
You speired ayont the world wi inward ee
For truth and God, you loused your spirit free
Ti teach and pent, imagine, screeve and rhyme.
A maister makar, muckle the design
You wrocht. A thocht maun gleesh and never dee,
Sib wi the Cosmos, licht aybidinly
Heavan and Hell, the future and langsyne.
Ane thocht maks fu the void we think immense
But here's a simple ploy no oot oor ken;
Ding doon thon glaured auld wa, Experience,
Ca doon its creeshy vennels, lang condemned,
Syne like you, work, wi harns and hands and sense
Ti big oor bairns a new Jeruselem.

The Death Of Michael Scot Of Balwearie

(A poem of 99 lines where the first line is the last line backwards. The 98th rhymes the 2nd, etc.)

...end this ti be did Michael, ken aw and ken nane,'
the tufted cloot o feathers saftly hoots.
A fu March mune hings abune the Langtoun saut-pans,
a souchin through the byre o shoory swaws,
aroond the Tower, muckle and fell as Fate's quhair,
a starn-sown gird whaur space swims i space.
The Maister pechts up the stair wi wizardlie graith;
instruments astronomical, a blae gless ba,
his stick o chalk, Arabic tomes and widden staff.
He kens hisel it's maistly hocus pocus
but pents a pentateuch ti cleir his heid.

The deils awreddy sent oot ti their nicht-wark:
'Mak raips fae weet sond, cleave leafy faery dens!'
The Maister invokes, 'Harry, pet sowel, cam ben ti me!'
In a byrie bield, a twist and a swither,
a sweirness in Midnicht's rafters and syne
the hoolet familiar flaps and flits and fa's
ti answer the ringed, lang-fingered nieve.

'Burdie, like an arra, I flew ye sae swift doon the years,
faurther and faurther, aheid as spell wad haud...
noo shaw me the magick o the Future time!'

The hoolet chokes. He chaws, gies a hoast and spews
a pellet-egg o stoury fluff and grey banes.
A lowerin o the Maister's broo.
He rubs it atween index and thoomb.
'Whit's this?' he girns, 'a mither moose's skull?'
He rattles the bubbled shell. 'A jewel in bye?'
Fae gawpin jaw-bane the Future shaks;
a larva, a smidgin, a sma plastic smyte.
Puir Michael maunna comprehend!

The gant-eened bogle snitters its cruel beak.
'Michty Michael, wha cannae understaund!' it hoots,
'When Merlin speired the beggar bi the midden,
he lauched. He kent a gowden cup was buried there!'
'Is this aw ye fetch?' the Maister glowers.
'I fleed through lichtenins and darknesses until
I cam ti the airt and the time whaur Michael's lang deed.
Thonder he gethers the mool intil hisel.
I his dowie howff i the yirth he kens nane
that Religion and Science are twa, no ane
that the smote hauds a power that maks aw his nocht!'

Sae Michael heezes up his brindled stick.
'I sent ye forenent. I gied ye the gift o the gab.
Noo I am wabbit and wearied wi yer blethers and ill-will.
Fore-sichtit ye are no-sae hindmaist fae noo ye'll hoot.'
The catogle coughs up, 'a beggar i the glaur!'
'Enough!' roars Michael, 'I'll hear ye nae mair!'

He claps doon the stick for thrice.
Omnimodum carmen esse mundum philosophus
Percibit confectum artficis e numinis manu.

Michaelus Balweariacus
fathoms the arch o nicht ti be wyce.
Til the dawin he complains, 'Why am I here?'
Til the birlan constellations, 'Shaw me, gin ye daur,
for whit reason I was made sae great. Daes it suit
the makkin o the poem that I speir and speir an still
fund nae rhyme, though deep I delve and stab?
The hoolet's wards hae made me sick.
I am coonted a michty intellect. I am aucht
the respect o Christian and Saracen. I, alane,
amang the hale race o Scots will Dante name.
They are feard o me. Why? Dae I ken mair nor a thrissel?'

The sun lifts on a face as cauld as casket leid.
They bury him deep. Bi a pool he gethers hisel intil
the yirth. It craks. The grave grouws wi green flooers.
Through lichtenins and darknesses til banes are nae mair,
he fuses wi docken stems. Michael is biddan

ti mak his harns becam nitrates in cramson poppy ruits.
He grouws on the gairy for numberless weeks
til ae time when the lorries and cars rattle ben.
Noo in the reeky gloamin, thrapply and randy and gyte,
a pot-bellied puddock loups up ti rax.
The Cosmos maun dirl ti his blusterous cries.
An owl fae oot the past swups ower the lank, droukit, mool
and hearin the crouse sang draps like an angel o doom.
Doon and doon, wi a screich and tiwit tiwoo,
the sherp talons tichten, though never a puddock's taen,
for happit in gress is cooried a sma mither moose.
The beak snecks through the moose's spine.

Illusions are nocht ti the tricks o God!
See whaur he spreids Michael – he was aince sma gear.
Gin a puddock no louped in Balwearie's lush leaves
the hoolet wad no speired the moose ava!
God hauds us like fush, in nets made o time.

Whaur is Michael noo? Aince ti Kings a brither,
Michael, a traiveller, at hame in Dysart or Tartarie,
Michael, a scholar, bibles and bestaries marked wi his pens,
Michael, geometrician, shapes pentit on his sark,
Michael, a namer, maister o the warld's leids,
Michael, a seer, though wi een no ayweys in focus,
Michael, a tyrant, wha birseled the wyfie's legs and lauched,
Michael, a changer, a tod, a baudrons, a craw,
Michael, a necromancer, wha couldnae cheat Daith,
Michael, the egoist, pride scrieved on his osprey face,
Michael, a mortal, wha sooks or blaws a breith nae mair,
Michael, a witch, wha brak God's ordained laws,
Michael, wha is damned, speir him, in Hell he stands
whiles his hoolet preens and fluffs and toots,
'Nane ken and aw ken, Michael did be ti this end…

Auld Men At Dysart Cross

In fog of Forth, in morning frost or sun,
the auld men pass the time at Dysart Cross.
There's two I know – one gyte and half-ways drunk,
the other crabbit, dour, shut as a door.
The daft one dances on the cobble stones
and talks to strangers whether folk or dogs.
Laughing at life, he hands the bairn ten pence.
The sour one has a suitcase and a stick:
the gruffest nod, the most laconic 'Aye',
he looks away, a sneer scrieved on his face.
Both hardened by how long they've weathered life
below the Knock, untouched by what is new,
the acid rain and ultra-violet sun –
these cannot harm them as they harm the young.

Johnny Thomson

Johnny Thomson, lithe as Spring,
an athlete and a 'keeper
wha could save near onythin'
but one wanchancy kick ti the heid
and the lave o his young life
gien scant time ti floor.

Ye still meet auld men
wha walked ti his funeral in Cardenden,
wha's faces bloom and een
moisten at memories o days lichtened –
brocht fae Brigton Cross and Means Tests
bi his gracefu dives and shut-oots.

Johnny Thomson, in nineteen thirty one,
kent naethin o politics or bigotries
and lay deean at Ibrox park
whaur the hoots and jeers
grew and spread like weeds
and wad hae drooned oot the terraces at Nuremberg.

Comp

Aince I had twa grandfaithers
noo I hae gotten nane,
Auld Wull I screived o no lang syne
noo by and by I cam ti mourn anither ane.

Auld Wull and Comp were like the day and nicht,
ane was dour, ane douce.
Tho baith had worked their life below the grund,
Auld Wull had taen the coal black ti his nature
while Comp blinked bonny in the sun.

Baith were straight and true
in the way maist miners hae,
thon quiet and kenspeckle dignity
(but Comp forby was gentle tae).

He taught me dominoes and cairds
and mair asides. Noo, ay allowing
for the fause sentiment that follows deith,
the plants he settled wi his hands
are ayways grouwin.

I ken fine that in some timeless airt,
lang efter closin time has cam,
we'll lift anither hand o banes,
me wi ma pint and him wi his rum –

for there is a licht that never gans oot,
there is a licht that never gans…

On Hearing The Psalms Sung In Gaelic

I hae heard them sing
like a hert sair bairn left bi its faither.

I hae heard them sing
dool as the wund ower a corrugated kirk.

Their singing was ma hert pou'd fae ma chist
ti testify afore me in God's ain leid.

They sing wi a haly dreid
that speiks o aw they hae lost.

Kythin words are unkent, but the hale
hauf-kent, a tale mindit fae bairnhood.

I hae heard them sing
and maun believe that tungue was spake
in whit Eden there ever was.

I have heard them sing,
like a heart broken child deserted by its father.

I have heard them sing
Sad as the wind over a corrugated church hall.

Their singing was my spirit ripped from me
to testify in the language of God.

For they sing with a holy dread
that contains everything they have lost.

And the rising words are unknown to me, but all
is half known, like a childhood story dimly remembered.

I have heard them sing
and so now I can believe that if there ever was an Eden
they must have spoken Gaelic there.

Holy Island

Matthew's gospel murmured on the thin lips
of ghostly monks, shepherds and fishermen,
whispered in the red sails of Viking ships
returning north to the frozen world's end.

Shivered by wind, a petrel cries in flight.
The bleeding sun runs down from sky to land.
Chased by the pagan tide and framed by night,
it dies. Silence waits on the empty sands.

The Rosie Briar

I ken a bonny, rosie briar
That hings wi blooms and grows forlane,
Nae floor mair frail, nae bloom mair schyre
'Mang steep fa'n clewchs and dreary stanes.

I ken a bonny, rosie briar
That grows nearhaund the gantin sea,
A blythsome thing that fowk think fair
And hing wi antrin qualities.

The rose for Beauty and for Love,
Sair thorn and bluid reid bloom for War,
Oh felloun rose wha bides aloof
When men like fragile petals fa!

So they miscry the bonnie rose,
And gie ti her oor wecht o wae –
Grow bi the cradle or the kist,
Puir rose, there's naethin ye can dae.

Flooers

Gowanes

Gowd een in a green face speir
ilka in a blae ane –
Day's een rax ti lift and sun
that hing abune the yird.

Buttercups

Spearwort, Marsh Marigowd and Watter-Crawfits:
aw kin o Buttercups yellow the laichs
in the dew-drookit grass bi the lochs.
Whit infinite faimlies, flooer fleckit fields
in aw kins o meadow fu universe?

Blawort

Slender stemmed the hare hounded blaebells,
louse gaithered flooers that stoun me in a spell,
speirin them sae heich on this autumn day.

Burns hauds the ploo ti luik at them swey,
Scot o Balwearie ca's oot a cherm,
Chris taks an airmfu doon ti her ferm.

The Blawort hirsels and Time's free at last –
it gaes by as a lang kisted Kinrymont lass.

Poppies

A field o poppies streetchin oot in rows,
flutter and nod their furlin crimson pows.
Beneath ilk stem and black ee'd drap o bluid
a sodger ligs unkent, bane happed in mud.
Nae banes nor flooers ti be – a blastit airt
cam the neist war, wi oor ashes blawn apairt.

Otterston Loch

Otterston Loch on this hot day
is a watter soondin Hopkins name
leafed ower aff the migraine road
minds me o fowk flingan breid
at cobs and pens while ducks dook
paddle plowter and splash and a bairn micht ask
whaur dae the otters bide
a hale otters toun o them
liquid futrets weet backit mowdiewarps
tunnel watter mine foam flecks
dae tricks in a bonny loch thresh
whaur I fain wad play wi them

Stoats

Two stuffed stoats
in a glass case
sit on a display shelf
with a rivet of rail bridge,
cross section of crash helmet,
experiment that went right
and other evidence of the real world.

Two vicious bitter wee faces
twisting round to squint at the door
in yellowing school uniforms
remind me of pupils,
remind me of me
trying to get out.

The Visiting School Poet

I must have taught his poem a million times…
'The Old Women In The Snack Bar At Visiting Hour'
I must have taught his poem a million times
and now he's going to sit beside me in the Staffroom.
They'll give him a good reception…
too shy to ask questions,
they'll treat him like the Elephant Man.
And slowly he sits down,
and slowly he sits down beside me.
A kind looking, civilised, intensely modest man,
smoking a cigarette in the time it takes
to leave a lover, write a poem or smoke a cigarette
as my arms reach out to wring the bastard's neck.

Under Achiever

I like it fine here, thanks,
where once I did enough to suggest…
I have always feared to reach the terminus
and hopefully, as I put by the hours,
with a shrug of a suggestion,
from time to time,
here or there,
I maybe imply that I might,
if I was really forced into it…

So the poem remains unwritten
while the days cool on me
and potential shrinks to a shrivel.

Can I mind if I ever could
or where was it I was going again?

Voices 900

(Commissioned by a dance group to be performed in Dunfermline Abbey as part of the 900th anniversary of Saint Margaret. The poem was withdrawn because The Carnegie Trust were concerned about references to Andrew Carnegie.)

'*Obey and thank thy God for all*'
Robert Henrysoun
'The Abbey Walk'

Pairt Ane

First Voice: Aince I lived a life...

Second Voice: Wheesht nou, hush! Ye'll wauk the toun!

First Voice: Aince I lived a life afore...

Third Voice: Wheesht and hear the silence fa!

First Voice: Aince I bade amang the licht...

Fourth Voice: Let the Living dream their lives!

First Voice: Memories deave ma hert like gall...

All: *Obey and thank thy God for all.*

35

Pairt Twa

The Voice O The Abbey Stanes:

> I am monie voices,
> a babble thirled ti a stane,
> I am monie and I am ane,
> o ilka second and daein.
> Stane ower stane ower stane ower stane,
> biggit trig and strang
> and yet nae mair nor molecules,
> bubbles o stour and air,
> void and radiation, streetched oot in time,
> like fine Dunfermline linen on a washing line.
> Whit infinities lig atween these wa's!
> I am a sponge stane that vampire like
> sooks up lives and energies.
> Gin this cauld stane had a hert
> it wad loo ti gan intil the licht,
> insteid it dreams and kens –
> *Obey and thank thy God for all.*

Pairt Thrie

First Voice: Hear me!

Second Voice: Hear me anaw!

All: Haud still! Hear me!
               Ma tale is worth the hearin...

Robert
Henrysoun: Tongues o nae substance,
               fu o dirl and dirdum, rattle
               like the metal clappers
               o the shilpit lippers' bells.

Pedant: Hear me oot, I say!
               Let me tell o but ae day,

ae minute o it aw,
the smaest thing that ere I saw,
the squeakin o a moose as I gaed past…

Monk: Blethers!
I'll tell ye o the leavin o ma life,
the lousin o the cord,
the mirk deith road atween twa lichts…

Girl: Havers!
The leavin o it?
I lay in jizzen for twal hours,
yer deith road was nae mair nor a lang lie
ti the ugsome pains I tholed…

Old Man: Show respect for age!
Auld and blin was I,
the siller buried weel below the stairs.
Oh murder! Murder! Help, I caw!
Though they brak this bluidit heid I willnae
        speik…

Boy: Hear him? He lived ti echty-fower,
hear me, wha fell wi fever, plague
and no yet fowerteen years auld,
why? No fair!
When ithers got faur mair…

Girl: Men are like bairns,
haud greetan and hear how aince I was blyth,
nimble and lithe, wi neat fingers, ettlin ti
        knead
and spin or stroke a laddie's gowden pow…
laid low in love
ti dee in sharn and pain,
sair reaved, sair reaved!

All: Listen!
Listen!
Listen ti me!

Carnegie: …maist conscience-wracked o aw, hear me,
born and weel-kent in this auld grey toun,
wee Aund Carnegie, wi nae erse ti his breeks,
wha left for the steel toun hells,
wha cam hame happit wi gowd
and gied it awa maist prodigal-like.
I made masel: libraries, education, books.
I got things duin. Ithers did weel aff me
like the fish and shells that live aff the back
o the muckle whale. Why dae they hate me?
Why dae they mak a gowk o a muckle darg?

Miner: O ye did weel, Carnegie, I ken your kind
awricht.
You were the parasite that fed aff your ain
immigrant clan.
Ye'll no ken me, a miner, killed in
Valleyfield.
Yer hypocrisy and lees are ill ti thole.
Ye tell the workin man ti educate hisel,
tell him he can be free o the furnace hell,
syne clap him in jile when he sterts up a
Union!
Deed me tae, like you noo – though anither
canker
burns me like wersh ghaist coals below the
Forth.
Whit guid aw yer siller noo?
Joe wad back me up gin he were here –
Whaur's Joe?
whaur are they aw? This ane pit oot in a car
crash,
anither, a dockyaird accident.
Whaur's Bruce, thon bluid drouthy leper?
Politician, general, terrorist, king.
Whit's left o noble Bruce?
The hert that daured the Saracen is dust,
his banes gleam white below the Abbey flags.
He tholes this eternity in stane
while the slottry drap o the reid Comyn's bluid

measures oot a measureless sentence.
In the name o Margaret, God forgie oor sins!

Henrysoun: Let unquiet voices cease,
    grant peace,
    while we bide oor term on earth.
    We maun mind o him that was hingit on a tree,
    wha was born intil a stall,
    Obey and thank thy God for all.

Pairt Fower

Malcolm: Be still,
    be still
    and bide at peace.
    Unfinished business means nocht, nae mair.
    The years hae faulded ower these waes and
        wars,
    these griefs and pains.
    Ilka tale is tellt ower again,
    a hunder, a thoosand times.
    Coontless minutes hae buried these sadnesses.
    We arenae wha we think we are...
    thochts are empty, voices tongueless,
    memories in stane, echoes and shadows o
        naethin.
    Speir for the starn o the dawin,
    wait on the radiant licht ti cam.
    Let us howp oor better pairts hae left this airt
        and time
    for thon saving licht.
    We shall, we shall, we shall
    Obey and thank oor God for all.

Margaret: Silence gaes afore and efter,
    gies meanin ti ilk soond.
    Darkness ligs atween twa lichts,
    though ain is juist a condle on the wain.
    Aw voices are wheeshed at last.

    Obey and thank thy God for all...

Januar

Winds O Revolution

A cauld, sleety wind gaes straucht doon the High Street.
It blasts aff the Forth and ower the Links,
it blaws past the butcher's, the Club and the Store,
it rattles the last lichts on the toun Christmas tree,
it birls and it clatters the newsagent's sign,
it shrieks and it skirls like a wind bi William Blake
on this mirkfu januar efternin.
A Siberian wind that kyths whaur its kimmer
was an airt lang held in ice.

It has blawn and a biggin wa's cawed doon,
it has blawn and a airn ane forby,
it has blawn through the hole in a tyrant's bluidy heid,
it has blawn a scriever the hecht o a president.
Hear it sing as it cams through a year o revolutions,
for it blaws fae the Kremlin ower the Lammerlaws,
in atween the tuim lugs o Burntisland fowk
on its lanely road ti Glesgi.

Noo they craw like cocks on a midden
at the dawn o the deith o Socialism
and they never speir their thirldom.
They blaw aboot their culture capital
and their hot air keeps them warm.
The cauld wind o reality yowls sairly past the Labour Club.
Hear it sing – *in Prague, Berlin and Bucharest*
There are fowk wi some spirit and some smeddum.

Februar

Welsh Love Spuin

A dunnlin bell, for oor weddin tryst,
A carved hert, for aw the love we hae,
A handfu o keys, for the hame that we big,
Raxin vines, for the hairst o oor love,
A birlin wheel, for aw the work we dae thegither,
A cleek, for us ayebidin.
Strang linkit chains, though the cauld hand o Deith tries ti
     pairt us.

Nae langer alane, ti bide as ane,
Wi an unco lang spuin ti sup the gowd brose
That's cawed Love.

March

Largo Law

Fiddles ti bow, pipes are ti blaw
And there's music ti hear ablo Largo Law.
Tirl the green yett, birl roond the key,
Under the lintil but nevermair free.

Wha did ye meet wi, whit was it ye saw?
Eldrich fowk dancing on Largo Law,
Evermair young but wi een that are auld,
Twinkling and glinting, sea green and cauld.

Ailblins its mune gyte, aiblins March mad
A fisherman's life is lanely and sad,
I'll evermair daunder and wander ava
Wi the fine fairy fowk ablo Largo Law.

April

A Daffodil Loups Oot The Midden's Hert

a daffodil loups Oot the midden's
Hert

May

Hail Mary

Hail Mary,
Bricht blae starn o grace,
The Lord, oor Makkar, bides bi ye.
Amang aw wimmen fowk ye are blessit
And blessit as weel is the hairst o yer wame,
The bairn Jesus.

Haily Mary, the mither o God,
Pray for us puir sinners,
Baith in the here and noo
And at the sair hour o oor deiths.

June

Songs Of The Scottish Examination Board English Marker

1.

The High Schools, Academies, Colleges, Saints,
I shuffle between my hands.

Morgan, Madras, Kelvinside, Wester Hailes,
I red ink their mistakes.

Dalbeattie, Lochgelly, Our Lady's, Balfron,
I envelope, number and grade.

Selkirk, Dalziel, Balwearie, Nairn,
I process their thoughts, dreams and lives.

Without passion, reproach or approval
I Standard Grade and Higher.

So many lives pass before my eyes
on the way to the rest of their's
while mine stops here with this slow and painful business.

Through the small glass square in my attic roof
the sound of children's laughter in the street
upsets my penning rhythm.

I lift up my head in the summer heat then,
Hazelhead, Sandwick, St Columba's, Arbroath,
Royal High, Bannockburn, Dalkeith.

2.

No future 'A' pass Higher here:
she wrote of her father and feelings,
how he lay on a waterbed
whey-faced and skeletal from fighting the cancer
the last time her mother had taken her
to the hospice for the dying.

I wrote on it:
gives a clear account of a personal experience;
communicates a sense of involvement;
sentences accurate but not varied;
does not demonstrate skill with language
or overall distinction of Credit English;
General, Grade 3.

O God,
when my final examination comes,
do not measure me
by the same pitiless criteria.

July

Burntisland Games

Skelpit erses, greetan weans,
Glesgi accents, drunken men,
runners runnin up the Bin
juist ti run back doon again,
dodgems, ghost trains, birlin swings,
lassies daein Heilan flings,
gangs that swank like bubblyjocks,
fluorescent lime green furry puddocks,
the tallest man, the smaest pownie,
three darts ti win a Rangers' downie,
bookies' odds on mair drunk men?
I think that it's ma roond again…
spend yer fairin fae the Dole
slidin doon the greasy pole
as roond and roond the Games gae dirlin,
cyclists whirlin, pipers skirlin,
dugs are barkin in the muddle,
step on board the Space Shuttle!
Prince, Madonna, diesels, singan,
burgers wi or withoot ingans,
fish and chip pokes blawin roond,
cans o juice ti wash them doon,
a caber's landed wi a dunt,
wha's back marker in the sprint?
I hae a heidache wi the sun,
I hope the morn'll never cam,
the shows keep fleean roond and roond
like aw the world's Burntisland toon,
for buses fae as faur as Kelty
drive doon the coast for Games' day.

August

Dreams O Whales

Saumon reid the lift at een's blink,
day cams dawin eastyweys as ay,
still, the summer swims intil the sleepy heid.

The great grey sea ghaists gae back intil the dark,
the muckle lairds o the wattery green sea world.

September

Road Bowls

Back ti school noo Summer's duin
ligs lourd on ma hert as mortal sin,
I'd rether play bowls doon roads in Cork
wi tinker chiels wha scunner at work.

September fykes me, fidgets, fraught,
I'm fretfu like a wing-clipped bird.
The sun in Winter's sairly wrocht
ti hecht her ba abune the yird.

October

Hurting The Hert

October is the cruellest month
dragging the hert fae work ti yonder,
hurting ti walk the broon hills.
It was there I sought remeid,
It was there I speired August's foosty corpse.
She was buried in a neuk, half happit ower wi leaves
and siller slugs. The air was caller and clear as glass.

In the wuids below,
rooky November and cauld faced December
made undertakings for the dark nichts ti cam,
birlin their wheel through a stour o leaves.

Noo October's face turns wersh and cruel,
for he kens the snell road they twa wad tak him.
At the whins he winces fae a first stab o pain.
From afar he looks blythe but he's an aulder chiel,
thirled ti the turn o the year bi cancer's onding.

November

Guisin

Sune efter tea the lift was dark and starry,
syne oot ti play below thon thrummlin carry
sae muckle abune oor heids. Blentrin sprites
wha taen the shape o aulder human gytes.

Forbiddan adult worlds were aw aroond us,
ettlin ti be grown ups in guisin duds,
like bairns we thocht mair freedom was ti cam,
no kennin that we held it aw alang.

It's queer, ma hert ay aches this time o year,
ettlin ti win ti be a bairn aince mair.

December

The End O The Line

Hey
Hey cam ben but shut the bluidy carriage door like
was thon no roch was thon no roch comin ower
comin ower fae Granton whit a bluidy nicht hey
when we leavin ah said when diz the train leave the station
come ben and dinnae staund there dinnae staund there like
a muckle sumph ah wullnae eat ye am no drunk like
ahve hid a drink but am no drunk so sit doon and shut
the door afore we freeze ti deith
so whaur ye gaun hoo faur ye gaun up the line wid ye like
a wee hauf son ti warm ye up ye look like deith am cauld
an early new year drink three days ti go times no blate is it
three days anither decade whaur diz it gang ti whit wid they say
alexander napoleon ma auld granny whit wid they say if
they could see us noo eh if they could see hoo faur
weve traivelled fae the romans and the greeks no no times
no blate a thing ata the sheer ingenuity o it aw man
the british empire on which the son never sets built on
the firm foundation the brain and brawn o the scots lads o
      pairts it maks
ye fair prood and the guid auld queen in balmoral
whit wull they think o next
whit will they come up wi next
theyve even conquered nature noo
i hae ma doot theyll gang much further noo in a hunder years
funny ti think well no be here in a hunder years fae noo
even tho ah didnae think wed mak it ower the forth in yon ferry
were on a firm foondation noo the guid auld railway
that winds risin up wi aw its micht whit a dirty nicht
and the lifts fair lowerin lowerin thats the whustle blawin noo
am no borin ye imma son whits that yer gettin aff bit why no
      bide
yer gaun nae further suit yersel
ahll mibbe
ahll mibbe see ye
ahll mibbe see ye further up the line then
in dundee

I Love The Colours...

I love the colours o the leid I scrieve in;
cramsan, siller, gowden, blae.
I tak nae tent o rhyme or reason
when words cam fleean, tapsilteerie.

The Spirit o makkin is blindin and bricht,
I'm fu fae the word-well whaur its drawn,
I hae fan intil a world o licht
wi Herbert and Hopkins, Thomas and Vaughan.

Makkers

Henrysoun, be ma herd
and big a bield o rhyme
fae this blizzird o unreason,
the evils o these times.

Dunbar, hap me in licht
fae the mirk o moral roup.
Pit oot despair
but rake the ash o howp.

Lyndsay, mak me canny
tae luik eftir ma ain,
tae walk ben the haar
an ken ma road hame.

Scott, rax tae me love
that winnae ivir lerk,
gie me the strangest love
fir this frichtit hert.

Turner Prize

A coo an a cauf
Cut in hauf.

The Clood

(Fae Brecht)

Ae blae day in September,
Cleir and smolt, the season fine,
Tae haud her there amang the heather
Was like a dream that wadnae ever dwine,
Smoolin ben the purpour cairry,
A clood glaimed in the caller air,
Snaw – white an glistran faur abune us –
When I turned roond it was nae langer there.

Sinsyne a wheen o munes hae sailed
And sank amang Orion and the Ploo,
The fermer's shairly delled the heather ower
And gin ye speir how daes that love seem noo?
I cannae tell, nor can I mind her,
Like a dream that dees afore the daw o day,
The face I kissed back then I ken nae langer,
The colour o her een, I cannae say.

The kiss, I wad hae lang forgot it,
But for the clood, I kenna I was there,
I ken it yet and ayeways I will ken it
When the lassie's name I cannae mind nae mair.
Aiblins still the heather's bloomin,
And her bairns are groun and playin at the ba –
The clood was hingin there a minute,
When I luiked roond, it had meltit like the snaw.

Tryst

Last nicht I saw the comet
ower ma hoose.
Whit did it mean?

They say
that it's nae mair nor
a ba o ice and gas
birlan ben space.

I saw
a dwaiblin smoor o licht,
a firewark dernan in its ain reek.
I had tae speir asklent
tae view its tail.

I saw
a glisk like a tyauve
o a doverin troot
swimman faur doon in a mirky loch.
The ither starns were as cleir as bells
an thrummlin tae theirsels,
glimmeran ferlie fish
in the nicht ocean.

I stuid
swack on ma rock in time,
gloweran up
through these deean rods and cones.

Last time it sailed ower Airth
I wisnae even a thocht,
an neist,
I'll no be here.

Parents' Night

1.

Only two appointments left
and I'm not looking forward to the next
if their son is anything to go by.

Insolent, arrogant and lazy. A permanent sneer
on a truculent face you'd want to punch.

But it's the mother on her own:
she's taken time off her work to see me.
Harassed and sairly-trauchled in a cheap rain-coat,
she scrubs floors to buy the wee bastard trainers.

She must think I'm a doctor or a priest
because I get the family history;
how Dad buggered off,
how she cannae dae a thing wi the laddy.

I hivnae the hert tae tell her
and nae doubt she kens hersel.

'He's doing fine, a nice lad,
mibbe he could read a bit more at home
to improve his English...'

2.

The best pupil in the class –
a wee, quiet, mousy lassie.
Her mother, a primary teacher,
a nervous bird, pecking at my words,
feverish with poisoned thoughts.
Father puts his glasses on
(hung on a thin chain round his neck)
to read out his prepared list;

Why only a 'B' in Higher English yet 'A's' elsewhere?
Why no Shakespeare on the syllabus?
More practice needed with past papers, surely?
Why not more work corrected?

And I'm thinking that in half an hour
I'll be home to see my own two...

and tomorrow I get to teach.

Endings

Ye micht end up at the hinder end,
ane o the unco Great,
wi a brass band gien it laldy.
Tra la la la la,
dum, dum, di deith.
Black ribbans roond the rim o the papers like Walter Scott,
whiles cooncillers fecht ower yer memorial.

Less likely, uncorrupt,
no rottan awo but rigged oot in white robes in a lang gless box,
the faithfu lichten condles in a gowden halo roond yer caskit,
like they hae in Italy.

Mair likely, the gaithered faimly and freends,
skailin whisky and tears on yer kist in the livin room
and a raw o big, craw-black cars heidit doon tae the cemetry
       yetts.

Or the Wife micht tak a hondfu o ye
and fling and tint yer ashes on the daft singan wind
whaur the stoor o ye blaws and birls here and yonder.

Ye micht meet a bad end
whaur yer taen oot a drawer and slapped on a cauld slab,
wi yer harns sloshed intil an airn bowl
and yer puddens ripped oot ye,
whiles they tak yer finger prints and check yer dental records
and syne juist a polis, a priest and an unscrievit heidstane.

There maun cam a time when they'll aw gan hame
and they'll leave ye on yer ain.